Suis-moi...

Éditrices : Chloé Samain et Judith Capitaine
Directeur artistique : Hubert Van Rie
Graphiste : Clémence Courot
Fabricante : Carine Ruault
Photogravure : IGS-CP

Conforme à la loi n°49-956 du 16 juillet 1949
sur les publications destinées à la jeunesse

ISBN : 979-10-401-1876-3
Dépôt légal : septembre 2024

Achevé d'imprimer en juillet 2024 sur les presses
de Rotolito Romania en Roumanie

www.editionsdelamartiniere.fr

Nathalie Lescaille-Moulènes

Aurélien Maury

Au temps des Cro-Magnon

La Martinière
JEUNESSE

Charlie est passionnée d'archéologie. Cet été, elle effectue un stage sur un chantier de fouilles préhistoriques daté du Paléolithique supérieur, une période comprise entre -40 000 et -9 500 avant notre ère. Un matin, elle fait une incroyable découverte. Alors qu'elle pense déterrer un simple silex taillé, parmi les centaines déjà trouvés sur le chantier, l'apprentie archéologue met au jour une statuette de femme en parfait état. Folle de joie, Charlie bondit sur ses jambes pour annoncer la nouvelle au reste de l'équipe. Mais elle s'est levée trop vite, le sang lui monte à la tête, le soleil l'éblouit… et voilà qu'elle s'évanouit !

Quand elle reprend connaissance, Charlie est seule sur le chantier… ou ce qu'il en reste ! La zone de fouille a laissé place à une vaste prairie désertique. Et il fait froid, très froid ! Soudain, un homme barbu et particulièrement poilu vient à sa rencontre. Il parle un langage rudimentaire, mais il a l'air sympa ! Voyant Charlie grelotter, l'homme lui tend une peau de bête pour qu'elle se réchauffe. Cette fois, Charlie croit comprendre ce qui lui arrive. Par un drôle de miracle, elle vient de remonter le temps… jusqu'au Paléolithique, en fin de période glaciaire. Une formidable aventure l'attend !

Une vie de nomade

Les hommes préhistoriques n'ont pas d'habitation fixe, ils sont nomades et se déplacent afin de trouver les endroits les plus propices à la chasse. Charlie se joint au clan de l'homme qui l'a accueillie. Ensemble, ils se mettent en route vers leur prochain campement !

Changez-vous de lieu d'habitation régulièrement ?

Oui. Nous nous déplaçons en fonction des saisons et des activités que nous pratiquons : la chasse, la pêche et la cueillette. Nous séjournons là où nous pouvons nous procurer de quoi manger facilement.

Et une fois ce lieu trouvé, vous vous installez dans des grottes pour vous abriter ?

Surtout pas ! Vous aimez l'humidité, vous ?! Dans une grotte, il fait froid et il y a peu de lumière. Quand on allume un feu, la fumée ne peut pas s'échapper. Et puis, on risque d'y croiser des animaux dangereux, comme l'ours ou le lion des cavernes… Mieux vaut dormir sous des tentes !

Des tentes ? Comme au camping ?

Okan-Ping, vous dites ? Je ne connais pas ce clan ! Nos tentes sont en bois, légères et faciles à transporter. C'est l'habitation idéale pour des nomades comme nous. Cela dit, d'autres tribus préfèrent construire des cabanes de branchages ou vivre dans des abris sous roche.

Vous connaissez beaucoup d'autres tribus ?

Il nous arrive d'en croiser. Avec eux, nous pratiquons le troc d'outils en silex et de bijoux. Je ne suis jamais allé au bord de la mer, mais j'ai pu obtenir ce joli coquillage que je porte autour du cou.

Là-bas, j'aperçois l'endroit idéal pour votre campement : une hauteur d'où l'on peut surveiller les troupeaux !

C'est une bonne idée, mais nous avons prévu de retourner à l'endroit où nous avons campé l'an dernier. La rivière qui coule à côté suscite l'intérêt des animaux. Nous pourrons y chasser facilement !

❶ La **rivière** fournit de l'eau à volonté et attire les animaux qui viennent s'y abreuver.

❷ Les **poteaux de bois** et les **peaux de bêtes** des tentes sont transportés à dos d'homme.

❸ Ce clan suit chaque année le même circuit : il se déplace **au fil des migrations** de ses proies, et s'installe toujours sur les mêmes sites. Pour déménager, pas de chariot à roulettes. Un seul moyen de locomotion : la **marche** !

❹ Il y a très peu d'arbres dans ces plaines herbeuses appelées **steppes**. Durant cette période de grand froid, les sols sont gelés et enneigés.

Cherche et trouve !

As-tu vu où se cache le lion des cavernes ?

Montons les tentes !

Une fois sur place, Charlie aide au montage des tentes de la tribu, qui compte une dizaine de familles de chasseurs-cueilleurs. Après l'effort, le réconfort ! Notre apprentie archéologue est heureuse de se réchauffer auprès du feu qui brûle dans le foyer...

Tadam ! Toutes les tentes sont installées ! On dirait des tipis, c'est joli.

Cela représente surtout des heures de travail ! Savez-vous combien de peaux de rennes nous avons dû préparer pour couvrir une seule tente ?

Euh... non. Je donne ma langue au tigre à dents de sabre !

Des dizaines ! Ainsi protégée, la tente résiste aux intempéries et nous isole parfaitement du froid.

Il doit quand même faire frisquet la nuit...

Non, la tente est douillette. Le sol est recouvert de galets pour nous protéger de l'humidité. Et les pierres chaudes du foyer nous réchauffent une fois que le soleil s'est couché.

Le feu, quelle belle découverte ! Mais vous n'avez ni briquet ni allumettes... Comment avez-vous appris à le maîtriser ?

La technique la plus simple, c'est de frotter deux morceaux de bois sec l'un contre l'autre. La chaleur dégagée par cette friction permet de produire des braises et d'embraser les herbes sèches. L'autre méthode, c'est d'entrechoquer un silex contre un minerai contenant du fer, au-dessus de morceaux d'amadou, un champignon. Quand une étincelle jaillit, elle se fixe sur l'amadou et forme une braise qu'on place dans des herbes sèches. Il ne reste plus qu'à souffler dessus pour les embraser !

La chaleur repousse les animaux dangereux loin du campement, j'imagine ?

Absolument ! Mais ce n'est pas tout. Nous rassembler autour du feu renforce la cohésion de notre groupe. Et les flammes servent aussi à durcir les pointes de nos épieux de bois... À propos, ça vous dit de voir comment nous fabriquons nos outils ?

❶ L'armature de la tente est faite de **poteaux en bois** croisés, ensuite recouverts de **peaux**.

❷ Celles-ci sont maintenues au sol grâce à des **blocs de pierre**.

❸ Des **fourrures** sont posées sur le sol. Cela fait une couchette idéale pour toute la famille !

❹ Cette **lampe** est faite d'une pierre creuse contenant de la graisse de renne et d'une mèche végétale qu'on allume avec une braise.

❺ L'usage du **feu** remonte à environ 400 000 ans. C'est Homo erectus qui en fait le premier la découverte.

Cherche et trouve !

Trouve l'amadou, le champignon marron en forme de soucoupe qui sert à faire du feu.

Des outils et des armes

Le campement de la tribu se trouve près d'une rivière où l'on trouve du silex en quantité. Une aubaine, car tailler cette roche dure est l'une des principales activités de la tribu. Avec, elle fabrique des armes et des outils tranchants.

Waouh ! Quel coup de main pour tailler le silex !

N'est-ce pas ? À partir d'un seul bloc de silex, nous arrivons à obtenir des dizaines de lames identiques et très tranchantes. Cette prouesse n'est pas arrivée du jour au lendemain. Au fil du temps, nous avons perfectionné notre façon de tailler. Cet apprentissage se transmet de génération en génération.

Je serais honorée d'être votre apprentie. Je suis tout ouïe !

D'abord, je sélectionne un bloc de silex de bonne qualité. Grâce à un galet, je lui donne une forme régulière. Puis, j'utilise un percuteur en bois de renne, une sorte de marteau, avec lequel je tape sur le bloc de silex pour détacher les lames tout autour. Le tout, c'est de ne pas taper n'importe où, mais d'être très précis.

Et ensuite ? Que faites-vous de toutes ces lames en silex ?

Nous confectionnons et réparons toutes sortes d'armes : pointes de sagaies, harpons... Mais aussi des outils, comme le grattoir qui sert à préparer les peaux de bête ou le burin pour travailler le bois et l'os...

Fabuleux ! Vous utilisez aussi les ossements des animaux pour fabriquer vos armes et outils ?

Oui. Et sans vouloir me vanter, je suis plutôt doué ! J'ai particulièrement réussi ce harpon en os d'aurochs ! D'ailleurs, pouvez-vous me rendre un service et l'apporter à mes amis qui sont partis à la pêche ?

❶ Cet enfant s'entraîne à tailler le **silex** à côté de tailleurs plus âgés et expérimentés. C'est ainsi que le **savoir** se transmet.

❷ Pour rendre ces armes plus faciles à manier, leurs **lames** sont parfois fixées à un **manche en bois**, comme cette pointe en silex emmanchée.

❸ Des **réserves d'outils** sont constituées pour pouvoir en utiliser tout au long de l'année.

Cherche et trouve !

Trouve un harpon pour accompagner Charlie à la pêche.

La pêche et la cueillette

Après sa séance de taille de pierre, Charlie rejoint un groupe de femmes et d'hommes partis à la pêche en rivière et à la cueillette de baies, racines et champignons...
Cela tombe bien, notre archéologue en herbe a un petit creux !

La pêche est bonne ?

Très bonne ! Nous avons attrapé suffisamment de truites pour aujourd'hui. Maintenant, place à la cueillette.

Je vous accompagne. Qu'allons-nous cueillir pour le menu de ce soir ? Je ne vois aucun verger ni champ ou potager à l'horizon...

Pas étonnant, nous n'avons pas encore inventé la culture et l'élevage ! Mais nous sommes les rois de la cueillette. Pour le dîner, je vous propose une fricassée de champignons et sa décoction de racines et, en guise de dessert, une farandole de fruits sauvages. Cela vous convient ?

Miam, quel festin ! Me voilà rassurée : vous ne mangez pas seulement du gibier matin, midi et soir.

Notre régime alimentaire est varié. Contrairement à ce qu'on pourrait imaginer en voyant toutes les armes de chasse que nous fabriquons, nous ne consommons pas que de la viande. Nous sommes omnivores : nous mangeons de tout. La nature nous offre en abondance des champignons, des racines et des tubercules, du miel, des fruits et des baies sauvages, comme les mûres, les myrtilles, les noix et les noisettes...

Là-bas ! Des rennes ! J'ai bien envie d'aller les observer de plus près.

❶ La rivière fournit des **écrevisses** et des **poissons**, comme les truites ou les saumons lors de leurs périodes de migration.

❷ Les **œufs d'oiseaux** et les **escargots** sont d'autres mets de choix, aisés à récolter.

❸ Les **racines** et les **fruits secs** permettent de faire des réserves de nourriture pendant l'hiver.

❹ Cet homme préhistorique récolte du **miel**.

❺ Certaines **herbes et plantes** sont ramassées pour soigner les blessures et les maladies.

Cherche et trouve !

Aide la tribu à trouver des œufs pour le dîner.

Animaux préhistoriques

Charlie a hâte d'en savoir plus sur les animaux du Paléolithique supérieur. À cette époque, les hommes de Cro-Magnon partagent la steppe avec des troupeaux d'herbivores, des oiseaux et bien d'autres espèces, dont l'imposant mammouth !

Quelle faune incroyable et variée ! Quels animaux côtoyez-vous le plus ?

Les espèces les plus abondantes sont les rennes et les chevaux, mais on observe aussi des bouquetins, des chamois, des cerfs, parfois des bisons des steppes ou des rhinocéros laineux. À force d'observer ces animaux, nous connaissons parfaitement leurs habitudes et leur comportement. Cela nous permet de piéger ou de rabattre plus facilement certains d'entre eux pour les chasser.

Et cet immense taureau sauvage doté d'énormes cornes, qui broute là-bas, comment s'appelle-t-il ?

C'est un aurochs. Il pèse un peu moins d'une tonne. Un gringalet à côté du mammouth, qui mesure jusqu'à trois mètres et pèse cinq tonnes !

Bigre, sacré bestiau ! Vous en chassez souvent, du mammouth ?

Non, rarement. Le mammouth est très difficile à chasser. Il vit en troupeaux, et nous n'avons aucune envie de nous faire charger par une horde ! De plus, sa peau ultra épaisse le protège de nos lames. Cela dit, il nous arrive de tuer un mammouth blessé ou isolé...

Oh, il me semble avoir aperçu un loup, là-bas !

Ah le loup, ne m'en parlez pas... Pour la chasse, c'est un concurrent de taille. Il en a après les mêmes proies que nous ! C'est dommage, cet animal ferait un fidèle compagnon s'il était moins sauvage...

Vos descendants connaîtront le chien, mais patience...

❶ Les **chevaux sauvages** et les **rennes** se déplacent sans cesse pour se nourrir. Ils vivent en **vastes troupeaux**.

❷ Comme le **mammouth, le rhinocéros laineux** est bien adapté au froid grâce à son épaisse fourrure. La plus grande de ses cornes mesure plus de 1 m !

❸ Le **mégacéros** est un grand cervidé dont la ramure peut dépasser 3 m d'envergure.

❹ Bien plus grand que le lion actuel, le **lion des cavernes** est un redoutable prédateur.

Cherche et trouve !

Combien comptes-tu d'animaux dans la plaine ?

À la chasse aux rennes

Observer les animaux préhistoriques a éveillé la curiosité de Charlie. Comment s'y prennent les chasseurs du Paléolithique pour capturer leurs proies ? Voici d'ailleurs un groupe qui s'approche à pas de loup. Elle file les interroger !

C'est une bonne période pour la chasse aux rennes ?

Oh oui ! On en voit beaucoup passer par ici, car ils sont en période de migration.

Quels autres animaux chassez-vous ?

Les herbivores composent une grande partie de notre alimentation. Nous chassons des aurochs, des bisons, des chevaux sauvages. Mais aussi d'autres espèces, comme les oiseaux et les sangliers...

Vous avez l'embarras du choix ! Et quelle est votre arme de prédilection pour capturer vos proies ?

Nous pratiquons la chasse à la sagaie, une lance en bois de deux mètres de long, armée d'une pointe en os ou en bois de renne. On la jette sur l'animal à l'aide d'un propulseur, un bâton muni d'un crochet sur lequel on cale notre projectile. Celui-ci permet de prolonger notre bras afin d'envoyer la sagaie encore plus loin et encore plus fort !

Quelle invention géniale ! Quand vous avez capturé un renne, j'imagine qu'en plus de manger sa chair, vous utilisez sa peau ?

Exactement ! Avec, nous fabriquons les toiles de nos tentes et nos vêtements. Nous sommes encore en période glaciaire. La température ne dépasse pas 0 °C ! Pour nous protéger du froid, nous nous chaussons et nous vêtissons d'habits en peaux de renne... bien chauds !

J'ai bien envie d'apprendre comment vous confectionnez ces habits. Je retourne au campement m'initier à la couture préhistorique !

❶ Le climat froid convient bien au renne qui est capable de se nourrir de **mousse, de lichen et d'herbe**.

❷ Le **propulseur** permet de projeter la **sagaie** à plus de 30 m et 3 fois plus vite qu'avec une simple lance.

❸ Pour traverser la rivière, le **gué** est le passage obligé des rennes. Cet endroit peu profond est facilement franchissable, mais la traversée ralentit leur progression. Ils deviennent alors des proies faciles à attraper.

❹ La viande de ce **renne** sera consommée et ses os seront cassés pour manger la moelle.

❺ Les **oiseaux** sont capturés à l'aide de pièges pour leur chair et leurs os.

❻ Les **petits rongeurs** sont recherchés pour leur fourrure et leurs dents dont on fait des pendeloques.

Cherche et trouve !

Aide la tribu à trouver un sanglier pour le dîner !

À la mode préhistorique

Quand un animal est chassé, rien ne se perd ! Une fois la chair récupérée pour l'alimentation, les os servent à confectionner des outils, les peaux à faires des habits… Charlie assiste à un atelier qui n'est pas de tout repos.

Je prépare cette peau de renne pour l'assouplir et la transformer en un beau cuir souple.

Joli travail ! Qu'allez-vous en faire ?

Je compte fabriquer un vêtement pour ma fille. Après avoir enlevé la chair et la graisse de l'animal avec mon racloir, je ferai sécher la peau. Il faudra ensuite la tanner, pour la rendre imperméable et l'empêcher de pourrir. Et enfin l'assouplir avec un lissoir en os ou en la martelant avec des galets, pour éviter que le cuir ne devienne dur comme du carton.

La préparation des peaux n'est pas une mince affaire… Comment faites-vous ensuite pour les assembler sans machine à coudre ?

Une fois propres et lisses, je percerai les différentes peaux de bête avec un poinçon, afin de les coudre entre elles.

Pour les fils, qu'utilisez-vous ? Du coton ? Du nylon ?

Des tendons ou des boyaux ! Ce sont des matériaux très résistants. Ils nous servent aussi de cordelettes pour faire des colliers, des bracelets…

Vous êtes déjà de véritables artisans. Il parait qu'il y a aussi des peintres et des sculpteurs parmi vous ? J'adorerais visiter l'une de vos grottes décorées. J'en ai entendu beaucoup de bien !

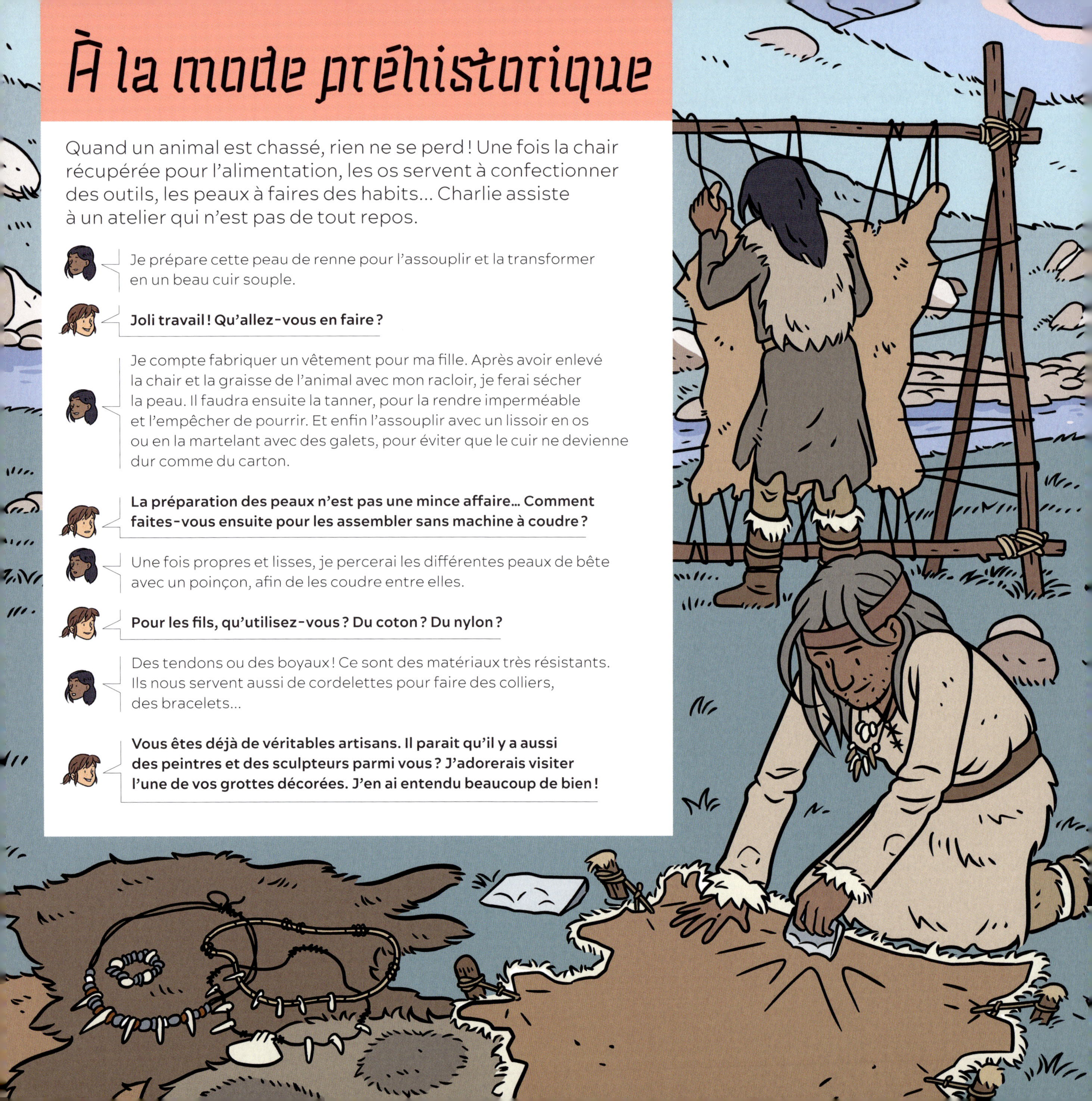

❶ Les **intestins d'animaux**, découpés en fines lanières, sont transformés en liens solides et résistants.

❷ Le **racloir** et le **lissoir** sont des outils en silex.

❸ La peau peut être tendue sur un **cadre en bois** pour la faire sécher.

❹ **L'aiguille à chas**, inventée au Paléolithique supérieur, possède un petit trou pour passer le fil à coudre.

❺ Les **peaux de bête** servent aussi à fabriquer les toiles des tentes.

Cherche et trouve !

Avec une peau de renne, l'amie de Charlie a confectionné des bottines fourrées. Les vois-tu ?

L'atelier des artistes

Non loin du campement, la tribu a investi une grotte pour y peindre de grandes fresques animalières. Éclairés à la lueur des torches et des lampes à graisse, les artistes laissent s'exprimer toute leur créativité, sous les yeux médusés de Charlie.

Que d'animaux ! Je vois des chevaux, des aurochs, des bisons et même un ours… C'est magique, on dirait qu'ils sont en mouvement.

Observez de plus près la paroi : elle présente des creux, des bosses et des fissures. Nous utilisons ces reliefs pour donner du volume à nos animaux, peints ou gravés, et ainsi leur donner vie !

Quelle prouesse ! Même le plafond de la grotte est peint. Votre talent ne s'arrête pas à la peinture, vous êtes aussi des acrobates !

Pour atteindre le plafond à plusieurs mètres du sol, nous grimpons sur des échafaudages construits avec de grosses branches d'arbres, et des troncs de bois en guise d'échelles.

Il suffisait d'y penser ! Pour la peinture, comment obtenez-vous toutes ces nuances de couleurs ?

Nous fabriquons nos couleurs avec des matières naturelles. Certains minéraux, par exemple le noir de manganèse ou l'oxyde de fer, donnent du rouge ou du jaune. Nous les utilisons sous forme de craie ou réduits en poudre. Nos pinceaux sont faits à partir de touffes d'herbe, de crins de cheval ou de renne. Et nous réalisons des gravures à l'aide d'un outil de silex ou d'un bâton.

Vous sculptez aussi de jolies petites figurines féminines, tout en rondeurs…

Ces statuettes sont taillées dans des blocs de pierre tendre, comme la craie, ou dans l'ivoire de mammouth. Il nous arrive aussi de sculpter des animaux.

❶ Le **cheval** et le **bison** sont les animaux les plus représentés, bien plus souvent que le renne, qui est pourtant l'animal le plus consommé.

❷ La grotte est éclairée à l'aide de **torches** ou de lampes.

❸ Une peintre souffle sur le **colorant** pour le projeter sur la paroi.

❹ Un autre peint au **pinceau** avec du colorant mêlé de salive.

❺ Les **statuettes féminines**, parfois appelées « vénus », possèdent des formes féminines exagérées comme un ventre, des fesses ou des seins énormes.

Cherche et trouve !

Un seul ours est peint sur la paroi de la grotte. Trouve-le !

En cuisine !

Le ventre de Charlie commence à gargouiller… Il est temps de retourner au campement préparer un bon repas avec le fruit de sa cueillette et de la chasse aux rennes. La jeune fille va apprendre les techniques de cuisson préhistoriques.

On ne va pas dévorer la chair fraîche de cette bestiole tout de même ?

Avant de cuire ou de fumer cette « bestiole » comme vous dites, il faut d'abord démembrer la carcasse et dépecer la viande. Puis nous la découpons en lanières…

Sans couteaux de boucherie, ça ne doit pas être simple…

Pas besoin de couteaux, nous avons bien mieux que ça : nos lames de silex ! Vous vous souvenez ?

Ah oui, les lames : elles sont drôlement bien aiguisées, c'est vrai ! Une fois découpée, il faudra bien faire cuire la viande pour la rendre plus savoureuse et facile à manger. À défaut de barbecue, quelles sont vos techniques de cuisson ?

Nous faisons sécher les morceaux de renne au soleil ou bien nous les fumons au-dessus d'un feu de branchages pour les conserver plus longtemps. Sinon, nous cuisons la viande dans le foyer.

Simple mais efficace, bravo ! J'ai hâte d'y goûter. Pour l'apéritif, si on cassait quelques os de renne pour en picorer la moelle ?

Servez-vous, faites comme chez vous ! Et après, j'aimerais vous montrer toutes les merveilles que l'on peut fabriquer avec les parties de l'animal qui ne sont pas mangées : la peau, les tendons… Vous verrez, je vous confierai nos secrets de fabrication !

❶ Les **détritus** sont rassemblés en tas. Les hommes préhistoriques ont un grand souci de la propreté.

❷ Pas de couverts ! On mange **avec les doigts**.

❸ Suspendue à un **trépied**, cette peau tendue où trempent des pierres chaudes fait office de marmite.

❹ Lorsqu'il fait beau et sec, on fait **sécher la viande et le poisson** pour les conserver.

❺ La graisse animale servira de **combustible** pour les lampes à graisse.

Cherche et trouve !

Charlie a égaré le panier de baies sauvages cueillies ce matin. Le vois-tu ?

Veillée autour du feu

Des sons mélodieux résonnent aux oreilles de Charlie. Une veillée autour du feu vient de commencer, et toute la tribu s'est réunie. Une belle soirée s'annonce. Peut-être la dernière pour notre apprentie archéologue ?

J'ai toujours adoré les veillées autour du feu. Même si j'y fais habituellement réchauffer des brochettes de chamallows…

Ce soir, je vous propose plutôt des morceaux de viande cuites au feu de bois !

Scintillant à la lueur des flammes, vos tatouages et parures apparaissent dans toute leur splendeur. Tout le monde en porte : les hommes, les femmes et les enfants. Comment fabriquez-vous ces merveilles ?

Nos perles et nos pendeloques sont confectionnées à partir de coquillages percés, de pierres sculptées, d'os creux d'oiseaux, de bois de cervidés ou de lamelles d'ivoire… Nous les enfilons en pendentif ou bien sur une ou plusieurs rangées pour en faire des bracelets, des colliers, des bandeaux… Nous créons aussi des rondelles que nous découpons dans des os plats, comme les omoplates, avant de les perforer et de les graver.

Très mignon ! Je trouve vos bandeaux ornés de coquillages et de dents d'animaux particulièrement originaux. Et je suis épatée pas vos instruments fabriqués en os et en ivoire.

Merci ! Ils nous servent parfois à attirer les animaux. Mais ce soir, laissons-nous plutôt porter par la musique !

Oui, je sens d'ailleurs mes paupières se fermer au son envoûtant de ces flûtes…

❶ Les **parures** les plus répandues sont les **dents perforées**, telles que les canines de renard ou de cerf.

❷ Les **bracelets** sont portés aux coudes, aux poignets ou aux chevilles.

❸ Longs, légers et creux, les os des échassiers et des vautours servent à fabriquer des **flûtes** ou des **sifflets**.

❹ Les flûtes ont **2 à 4 trous**, et leur extrémité est parfois taillée en forme de bec.

❺ Les instruments de musique peuvent également être fabriqués en **écorce**, en **bois** ou en **peau**.

Cherche et trouve !

Quel homme porte un pendentif orné de 7 dents de renard ?

Retour au chantier

Quand Charlie rouvre les yeux, elle est éblouie. Le feu a cédé la place à un soleil éclatant. Autour d'elle, le camp des Cro-Magnon a disparu ; elle est de retour sur le chantier de fouilles. C'est l'heure de son rendez-vous avec l'archéologue en chef qu'elle doit interroger pour rédiger son rapport de stage.

D'où vous est venue l'idée de lancer un chantier de fouilles à cet endroit ?

L'équipe s'était documentée sur les précédentes découvertes faites dans la région, datant du Paléolithique. Nous avons repéré cet endroit comme un site possible de nouvelles découvertes. Pour en avoir le cœur net, nous avons effectué plusieurs sondages en creusant le sol sur quelques mètres à l'aide d'une pelle mécanique. Et bingo ! nous avons mis au jour des silex taillés. Après avoir demandé les autorisations nécessaires, nous avons programmé une fouille !

Chercher des indices enfouis dans le sol, cela doit être un travail minutieux. Quelle est votre stratégie pour ne pas passer à côté d'un trésor du passé ?

Nous fouillons le sol carré par carré, pour nous repérer plus facilement. Avec nos outils, nous dégageons les couches de terrain progressivement. On retire d'abord celles situées juste sous nos pieds, puis on continue petit à petit, jusqu'aux plus profondes. On peut ainsi mettre au jour tous les trésors qui se cachent sous terre : les ossements, les outils…

C'est un travail d'équipe. Avez-vous une spécialité ?

Oui ! Certains de mes collègues sont spécialistes en restes osseux, d'autres en silex… Il y a aussi des géologues. Moi, mon dada, ce sont les statuettes ! Par chance, nous en avons trouvé une parfaitement conservée ce matin, que j'ai aussitôt envoyée au laboratoire pour qu'elle soit analysée !

❶ Le **responsable d'opérations** dirige le chantier de fouilles.

❷ Les archéologues fouillent le sol à l'aide de nombreux outils : le **pinceau**, le **tamis**, la **pelle**, la **pioche**, la **bêche**, la **truelle**, le **seau**…

❸ Une fois sorti de terre, l'objet est **dépoussiéré**.

❹ L'objet mis au jour est ensuite **numéroté**, **dessiné**, **photographié** et **répertorié**.

❺ Le **géomètre** utilise un appareil qui positionne chaque objet dans l'espace par rapport à un repère fixe.

Cherche et trouve !

Un autre archéologue vient de déterrer une statuette féminine. L'as-tu repéré ?

Au labo d'archéologie

Charlie visite maintenant le laboratoire où sont envoyés les indices trouvés sur le chantier de fouilles. Il peut aussi bien s'agir d'objets (outils en silex, statuettes, ossements...) que de prélèvements de graines, pollens ou charbon de bois... Chaque spécialiste étudie ces vestiges selon ses méthodes.

Alex, vous êtes archéozoologue. Votre spécialité est d'étudier les restes d'animaux et ses relations avec l'homme. Que racontent les ossements que l'équipe à mis au jour sur le chantier ?

En comparant les fragments d'os récoltés avec l'osthéothèque, une bibliothèque d'ossements, j'ai déterminé l'espèce animale d'où ils proviennent : le renne. Après analyse, certains os présentent des traces de sagaie, d'autres ont été fracturés pour en récupérer la moelle. Conclusion : d'excellents chasseurs et mangeurs de rennes sont passés par là !

Ah les gourmands ! À vous, Marie : vous êtes tracéologue. Votre métier consiste à analyser les outils. Quel secret révèle le dernier outil en silex taillé trouvé sur le chantier ?

J'ai observé cet outil au microscope qui grossit 200 fois. Les traces d'usure transversales prouvent qu'il a servi à gratter la peau. Nous avons affaire à un superbe spécimen de racloir préhistorique !

Excellent ! Et maintenant, le trésor du chantier... Achille, vous êtes spécialiste de l'art rupestre préhistorique. Que dites-vous de cette jolie statuette ?

Sans hésitation, il s'agit d'une figurine féminine. D'autres fragments ont été mis au jour sur le site, laissant penser qu'il abritait un atelier de statuettes. Mais pourquoi les a-t-on sculptées ? Pour élucider ce mystère, il faudrait pouvoir voyager dans le passé, ah, ah !

❶ Les spécialistes collaborent et **partagent leurs connaissances** pour interpréter les vestiges mis au jour sur le chantier de fouilles.

❷ L'**anthropologue** étudie les tombes et les **squelettes humains**.

❸ À l'aide d'un microscope optique, le **palynologue** étudie les grains de pollens piégés dans la terre depuis des millénaires, pour retracer les paysages du passé.

❹ **L'anthracologue** observera des échantillons de charbon de bois au microscope. Il détermine les essences d'arbres d'où ils proviennent et l'utilisation du bois par l'homme (foyer pour la cuisson des aliments...).

❺ Une fois analysés, tous ces **vestiges** permettront de reconstituer quelques mois de vie d'une tribu préhistorique.

Cherche et trouve !

Un crâne préhistorique attend d'être examiné par l'anthropologue. Le vois-tu ?

Carnet de bord de Charlie

- 300 000

- 40 000

Amélioration des techniques de taille, emmanchement des outils, premières sépultures

- 3,3 Ma à - 300 000 :

Paléolithique inférieur

Premiers outils en pierre taillée (les bifaces), maîtrise du feu

- 300 000 à - 40 000 :

Paléolithique moyen

Diversification des outils et des armes, apparition de l'art figuratif

L'« âge de la pierre ancienne »

« Paléolithique » vient du grec *palaios* « ancien » et *lithos* « pierre » : ce mot signifie « âge de la pierre ancienne ». Cette période de la Préhistoire commence avec les premiers outils de pierre taillée trouvés au Kenya, en Afrique, il y a 3,3 millions d'années.

Semi-sédentarisme,
généralisation de la chasse à l'arc

Perfectionnement des techniques
agricoles, tumulus, fermes, métallurgie

-9600 | -6000 | -2300 | 50

-40 000 à -9 600 :
Paléolithique supérieur

-9 600 à -6 000 :
Mésolithique

-6 000 à -2 300 :
Néolithique

-2 300 à 50
Âge des métaux (bronze, fer)

Poteries, haches polies,
premiers villages sédentaires

L'évolution de l'homme

Plusieurs espèces humaines se sont succédé ou ont cohabité durant la Préhistoire : Homo habilis, Homo erectus, Néandertal... Toutes se sont éteintes, sauf une. La seule espèce humaine qu'il reste sur Terre est Homo sapiens (« l'homme qui sait »). La nôtre !

SITE
INTERDIT
AU PUBLIC

Quand Charlie passe chercher son vélo sur le chantier ce soir-là, elle repense à son extraordinaire voyage au temps de la Préhistoire. Toutes les découvertes que l'apprentie archéologue a faites lors de ses chantiers de fouilles sont devenues, l'espace d'un rêve, la réalité. Mais était-ce vraiment un rêve ?

Quiz

Qu'as-tu retenu de cette aventure au temps de la Préhistoire ?
Es-tu devenu·e incollable sur le mode de vie des hommes et femmes de Cro-Magnon ?
Amuse-toi à faire ce quiz pour le savoir.

1. Dans quelle habitation vivent les hommes de la Préhistoire ?
A. Une caravane.
B. Une hutte en paille.
C. Une tente en forme de tipi.

2. Quel savoir-faire date de la Préhistoire ?
A. La construction des cathédrales.
B. La fabrication du feu.
C. L'écriture.

3. Parmi ces armes, laquelle ne date pas de la Préhistoire ?
A. L'épée.
B. La lance.
C. Le harpon.

4. Quel aliment n'est pas consommé à la Préhistoire ?
A. La viande fumée.
B. Le fromage.
C. Les fruits.

5. Quelle espèce animale est la plus chassée ?
A. Le renne.
B. Le loup.
C. L'ours.

6. Quel accessoire permet d'envoyer la sagaie (lance) encore plus loin ?
A. L'éjecteur.
B. La catapulte.
C. Le propulseur.

7. Qu'est-ce que le racloir ?
A. Un outil de jardinage.
B. Un outil pour racler la chair des peaux de bête.
C. L'ancêtre de la fourchette.

8. Qu'aiment sculpter les artistes de la Préhistoire ?
A. Des maisons.
B. Des femmes.
C. Des arbres.

9. Quel objet n'est pas fabriqué durant la Préhistoire ?
A. La flûte.
B. Le collier.
C. Le biberon.

10. Au laboratoire d'archéologie, qu'étudie un anthropologue ?
A. Les squelettes humains.
B. Les squelettes d'animaux.
C. Les grains de pollen.

Solutions : 1C ; 2B ; 3A ; 4B ; 5A ; 6C ; 7B ; 8B ; 9C ; 10A.